3
EDUCAÇÃO INFANTIL

EM ATIVIDADE

MITANGA PALAVRA DE ORIGEM TUPI QUE SIGNIFICA "CRIANÇA" OU "CRIANÇA PEQUENA".

Editora do Brasil

SUMÁRIO

ALFABETO DIVERTIDO 4

LIGUE-PONTOS 5

O QUE É, O QUE É? 6

TODO DIA É DIA DE FEIRA 7

EU SOU ESPECIAL 8

QUEM EU SOU? 9

VAMOS RIMAR? 10

CANTIGA 11

ÁRVORES FRUTÍFERAS 12

RECEITA 13

SANDUÍCHES DIVERTIDOS 14

LAVANDO AS MÃOS 15

A HORTA 16

NA HORTA TAMBÉM TEM 17

COM QUE SE PARECE? 18

SUMÁRIO

CRIANDO HISTÓRIAS 19

MINHA FAMÍLIA 20

MEMBROS DA FAMÍLIA 21

OUTRAS FAMÍLIAS 22

HORA DA LEITURA 23

FESTA DO PIJAMA 24

VAMOS BRINCAR? 25

PARLENDA 26

JOGO DOS 5 ERROS 27

TEXTO COM IMAGENS 28

RIMAR É DIVERTIDO! 29

JUNTE AS METADES 30

SEGUINDO AS FLECHAS! 31

LISTA DE COMPRAS 32

ALFABETO DIVERTIDO

A	B	C		E	F	
H		J	K	L	M	N
O		Q	R	S		U
V	W	X	Y	Z		

▼ Você se lembra de todas as letras do alfabeto?

Complete o alfabeto com as letras que faltam. Depois, com o professor, diga o nome delas batendo uma palma para cada letra. Em seguida, reproduza o som que elas representam.

▶ LIGUE-PONTOS

Ligue os pontos seguindo a ordem alfabética.

▼ Que animal você formou?

Escreva o nome dele e, depois, pinte-o bem bonito.

Troque a primeira letra da palavra e forme uma nova palavra.

▼ Que palavra você formou?

O QUE É, O QUE É?

O QUE É, O QUE É?

TEM COROA E NÃO É REI,
TEM ESCAMA E NÃO É PEIXE?

ADIVINHA.

> Escute com atenção a adivinha.
> ▼ Você sabe a resposta?
> Pinte a fruta e escreva o nome dela para responder à adivinha.

TODO DIA É DIA DE FEIRA

- Você já foi à feira?
- Há alguma feira perto de sua casa?

Observe as barracas da feira.

- O que cada barraca está vendendo?

Complete o letreiro com as letras que faltam no nome dos produtos vendidos nas barracas.

- Você gosta de frutas e legumes?
- De quais você mais gosta?

Faça uma lista em uma folha à parte.

EU SOU ESPECIAL

MEUS OLHOS SÃO _____.

MEU NARIZ É _____.

MINHA BOCA É _____.

MEU CABELO É _____.

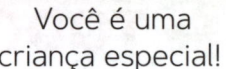

Você é uma criança especial!

Em roda com os colegas, pegue um espelho e observe seu rosto. Depois, passe o espelho para o colega ao lado.

▼ Qual é a cor de seus olhos?
▼ Seu nariz é grande ou pequeno?
▼ E sua boca?
▼ Seu cabelo é comprido ou curto?
▼ Qual é a cor dele?

Desenhe as partes que faltam no rosto de acordo com suas características. Depois, complete as frases com a ajuda do professor.

QUEM EU SOU?

Observe as crianças e as características físicas delas.

Com a ajuda do professor, leia os balões de fala e ligue-os às crianças de acordo com as características delas.

ILUSTRAÇÕES: SHUTTERSTOCK.COM/COLORFUEL STUDIO

MEU NOME É ENZO.
MEU CABELO É LOIRO E MEUS OLHOS SÃO CASTANHOS.

MEU NOME É ALICE.
MEU CABELO É PRETO E MEUS OLHOS SÃO CASTANHOS.

MEU NOME É DAVI.
MEU CABELO É RUIVO E MEUS OLHOS SÃO AZUIS.

▶ VAMOS RIMAR?

ONTEM FUI BRINCAR
NA CASA DO **JOÃO**,
DE TANTO CORRER E PULAR

MACHUQUEI A MINHA _____.

FUI AO MERCADO
COM A **ZEZÉ**
COMPRAR LEITE

E TAMBÉM _____.

FUI À CASA DA VOVÓ
COMER BOLO DE **FUBÁ**,
TINHA TAMBÉM BISCOITO

E UM DELICIOSO _____.

QUADRINHAS.

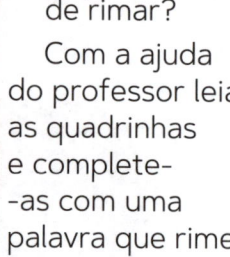

▼ Vamos brincar de rimar?

Com a ajuda do professor leia as quadrinhas e complete-as com uma palavra que rime com a palavra destacada. Depois, faça um desenho para representar a palavra que você usou para rimar.

Compartilhe com os colegas as rimas que você fez e descubra outras rimas possíveis.

 # CANTIGA

| LIMÃO | LIMOEIRO | PÉ | JACARANDÁ |

MEU LIMÃO, MEU LIMOEIRO

MEU LIMÃO, MEU LIMOEIRO,
MEU PÉ DE JACARANDÁ,
UMA VEZ, TINDOLELÊ,
OUTRA VEZ, TINDOLALÁ.

CANTIGA.

Cante a cantiga com o professor e faça gestos para acompanhá-la.
▼ Você sabe o que é um limoeiro?
▼ E um jacarandá?
Comente com os colegas.
Leia com o professor as palavras do quadro e pinte-as na cantiga. Depois, desenhe um limoeiro.

ÁRVORES FRUTÍFERAS

MACIEIRA

LARANJEIRA

PEREIRA

LARANJA

PERA

MAÇÃ

▼ Você sabe o que são árvores frutíferas?

As árvores frutíferas são aquelas que produzem frutos que servem de alimento para as pessoas e para os animais.

▼ Você já plantou uma árvore ou uma planta?

▼ Quais cuidados uma planta precisa para crescer?

Ligue as árvores frutíferas aos frutos que elas produzem.

▶ RECEITA

PALHA ITALIANA

INGREDIENTES:
- 1 PACOTE DE BISCOITO;
- 1 LATA DE LEITE CONDENSADO;
- 4 COLHERES DE SOPA DE ACHOCOLATADO;
- 2 COLHERES DE SOPA DE MARGARINA;
- 1 XÍCARA DE AÇÚCAR REFINADO.

MODO DE PREPARO
1. TRITURE OS BISCOITOS.
2. LEVE AO FOGO O LEITE CONDENSADO, O ACHOCOLATADO E A MARGARINA.
3. MEXA ATÉ COMEÇAR A SOLTAR DO FUNDO DA PANELA.
4. JUNTE OS BISCOITOS E MISTURE AINDA NO FOGO.
5. DESPEJE TUDO EM UMA FÔRMA UNTADA.
6. ESPERE ESFRIAR, CORTE EM PEDAÇOS E PASSE NO AÇÚCAR REFINADO.

▼ Você gosta de cozinhar?

▼ Já fez alguma receita?

Com a ajuda do professor, leia o texto e circule o nome da receita e o nome das duas etapas que a compõem.

Depois, também com a ajuda do professor, faça uma deliciosa palha italiana.

▼ Você gostou de ajudar no preparo do doce?

▼ Gostou de comê-lo?

13

SANDUÍCHES DIVERTIDOS

Veja que sanduíches divertidos!

▼ Você gostaria de comer esses sanduíches?

▼ Você acha que eles são saudáveis?

Com a ajuda do professor, faça uma lista dos ingredientes usados para montar esses sanduíches.

▼ Você come alimentos saudáveis na hora do lanche da escola?

▶ LAVANDO AS MÃOS

ÁGUA

PERFUME

XAMPU

CREME

TOALHA

SABONETE

Observe a imagem.
▼ O que a menina está fazendo?

Lavar as mãos é um ato simples que ajuda a proteger o corpo de doenças.

▼ Em quais momentos do dia você costuma lavar as mãos?

Com a ajuda do professor, leia as palavras e circule aquelas que têm relação com a lavagem das mãos.

15

▶ A HORTA

▼ Você conhece esse lugar?
▼ Já esteve em uma horta?

A horta é o local onde são cultivados legumes, hortaliças, temperos e ervas.

Complete com as letras que faltam o nome dos objetos que podemos encontrar em uma horta.

▼ Você sabe para que servem esses objetos?
▼ Eles podem ser utilizados para fazer outros serviços?

 ___ E ___ A ___ O ___

 P ___

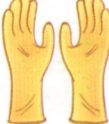 L ___ V ___ S

 ___ E ___ TA

NA HORTA TAMBÉM TEM

▼ Você já viu uma horta de perto?

Algumas pessoas cultivam hortas em casa e consomem as próprias hortaliças frescas. Elas podem ser cultivadas em pequenos espaços, e até mesmo em vasos ou garrafas PET.

Observe os alimentos, leia as palavras e circule o nome deles.

SEREBRYAKOVA/ISTOCKPHOTO.COM

XAMTIW/ISTOCKPHOTO.COM

TIM UR/ISTOCKPHOTO.COM

MOCHILA	BETERRABA	BROTO
MORANGO	BEIJO	BRONZE
MOSQUITO	BESOURO	BRÓCOLIS

17

COM QUE SE PARECE?

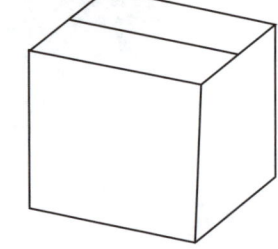

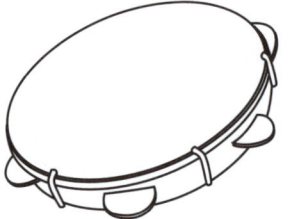

▼ Você conhece essa forma geométrica?

▼ Qual é o nome dela?

Com uma das mãos, faça o desenho do círculo no ar. Depois, use outras partes do corpo para fazer isso, como um dos pés, a cabeça e o tronco.

Observe as imagens ao lado e escreva o nome delas da maneira que souber.

▼ Quais desses objetos se parecem com um círculo?

Pinte apenas as imagens que se parecem com um círculo.

ILUSTRAÇÕES: BRUNA ISHIHARA

CRIANDO HISTÓRIAS

ILUSTRAÇÕES: CLAUDIA MARIANNO

Observe a história em quadrinhos.

Com os colegas, crie uma história com base nas imagens. O professor escreverá a história na lousa.

▼ Como a história começa?
▼ O que aconteceu durante a história?
▼ Como ela termina?

Invente um nome para essa história e escreva-o na linha.

Com os colegas, encene a história de forma divertida.

19

▶ **MINHA FAMÍLIA**

MINHA FAMÍLIA E EU

BRUNA ISHIHARA

Vamos conversar sobre família?

As famílias não são todas iguais.

▼ Como é sua família?
▼ Com quem você mora?

Desenhe dentro da casa as pessoas que moram com você e escreva o nome de cada uma delas como souber.

MEMBROS DA FAMÍLIA

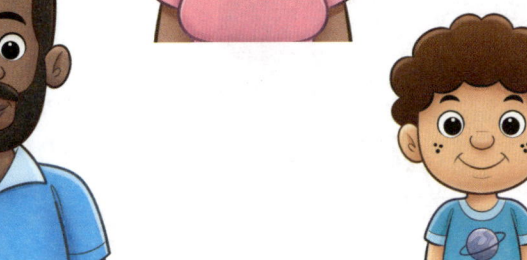

> Esses são os membros da família de Laura.
> ▼ Quantas pessoas fazem parte dessa família?
> ▼ Quais são os membros da família dela?
> Observe as imagens da família e ligue-as aos nomes.

AVÓ   IRMÃOS   PAI   AVÔ   MÃE

OUTRAS FAMÍLIAS

M	A	L	O	C	A	Q	X	E	R
T	Y	C	O	C	A	R	U	I	O
P	A	S	A	L	D	E	I	A	D
F	G	H	J	K	L	Ç	Z	X	C
V	B	R	I	T	U	A	L	N	M
Q	D	Z	A	R	B	I	H	M	P
P	I	N	T	U	R	A	Y	F	N
W	L	O	Ç	X	U	H	D	B	K

MALOCA

ALDEIA

COCAR

RITUAL

PINTURA

Observe a imagem.
▼ Essa família é parecida com a sua?
▼ O que eles têm de diferente?

Os povos indígenas têm a tradição de fazer rituais com dança e música para marcar o nascimento de um filho. Todos se enfeitam com cocares, colares e pintura no corpo.

Leia as palavras relacionadas à cultura indígena e encontre-as no diagrama.

HORA DA LEITURA

PIJAMA DE DRAGÃO

ÀS VEZES DIGO QUE SIM,

ÀS VEZES DIGO QUE NÃO,

MAS GOSTO MUITO DE USAR

MEU PIJAMA DE DRAGÃO.

DRAGÃO DE PIJAMA

LÁ NO FUNDO DA FLORESTA,

VESTINDO UM BELO PIJAMA

UM DRAGÃO CHEIO DE SONO

DÁ BOA NOITE E VAI PRA CAMA.

RENATA BUENO. **CACHORRO TEM DIA DE CÃO?** SÃO PAULO: EDITORA DO BRASIL, 2012. P. 20-21.

ILUSTRAÇÕES: MARCOS MACHADO

Acompanhe a leitura do poema.
▼ Qual é o assunto do texto?
▼ O que você gostou nele?

Observe as imagens e pinte no texto as palavras que correspondem a elas.

FESTA DO PIJAMA

Daniel convidou seus amigos para uma festa do pijama!

▼ Você já fez ou já participou de uma festa do pijama?

▼ Se você fosse fazer uma festa do pijama, quem você convidaria?

Escreva, do jeito que souber, uma lista de convidados para sua festa do pijama.

VAMOS BRINCAR?

▼ Você conhece a brincadeira "Pato, pato, ganso"?

Siga as instruções do professor e brinque com os colegas.

▼ Você gostou da brincadeira?

Faça um desenho para representá-la e marque um **X** no nome dela.

☐ ESCRAVOS DE JÓ.

☐ CORRE, CUTIA.

☐ PATO, PATO, GANSO.

▶ PARLENDA

GALINHA CHOCA COMEU **MINHOCA**, SAIU PULANDO FEITO **PIPOCA**.

PARLENDA.

N	A	A	D	I
H	G	R	L	J

M	E	H	O	C
I	G	N	P	A

S	O	C	T	I
U	P	R	P	A

Ouça a leitura do professor.

▼ O que quer dizer "pulando feito pipoca"? Explique com suas palavras.

Sente-se em roda com os colegas e recite a parlenda. Depois, pule feito pipoca como a galinha.

Observe as imagens e pinte as letras que formam o nome delas. Consulte as palavras destacadas na parlenda para ajudá-lo.

JOGO DOS 5 ERROS

▼ Vamos jogar?
Observe as imagens, encontre cinco diferenças entre elas e marque-as com um **X**.

Depois, escreva da maneira que souber as diferenças que você encontrou.

▶ TEXTO COM IMAGENS

ERA UMA VEZ

UM  _____ XADREZ

CAIU DA 🪟 _____

E FOI SÓ UMA VEZ.

FUI À FEIRA COMPRAR 🍇 _____

ENCONTREI UMA  _____

PISEI NO RABO DELA

ME CHAMOU DE CARA SUJA.

PARLENDAS.

> Observe os textos e substitua as imagens por palavras. Depois, recite as parlendas com o professor e os colegas.
> ▼ De qual parlenda você mais gostou?
> Faça um desenho para representá-la.

▶ RIMAR É DIVERTIDO!

O TUBARÃO

NA ORQUESTRA DO OCEANO,
SOPRA A FLAUTA O TUBARÃO,
O POLVO TOCA VIOLINO
E A BALEIA, RABECÃO.

RENATA BUENO. **TUBARÃO TOCA TUBA?** SÃO PAULO: EDITORA DO BRASIL, 2012. P. 16.

> Acompanhe a leitura do poema que o professor fará.
>
> ▼ Você conseguiu identificar rimas?
>
> Circule no poema as palavras que rimam.
>
> Depois, observe as imagens e pinte as palavras que correspondem ao nome delas.

OCEANO	BALEIA	TUBA
FLAUTA	RABECÃO	TUBARÃO
POLVO	VIOLINO	ORQUESTRA

▶ JUNTE AS METADES

CARRO

CAMINHÃO

AMBULÂNCIA

ÔNIBUS

BICICLETA

MOTO

ILUSTRAÇÕES: BRUNA ISHIHARA

▼ Você conhece os meios de transporte?
▼ Qual meio de transporte você mais utiliza?

Observe as imagens. Os meios de transporte estão divididos pela metade. Ligue as metades para completá-los.

▼ Todos os veículos foram ligados?
▼ Quais veículos não têm uma metade?

Leia a lista e pinte somente o nome dos veículos cujas metades foram ligadas.

3

▶ SEGUINDO AS FLECHAS!

Siga as flechas e descubra quatro palavras. Depois, escreva as palavras correspondentes a cada número.

Pinte com a mesma cor as palavras que se iniciam com a mesma letra.

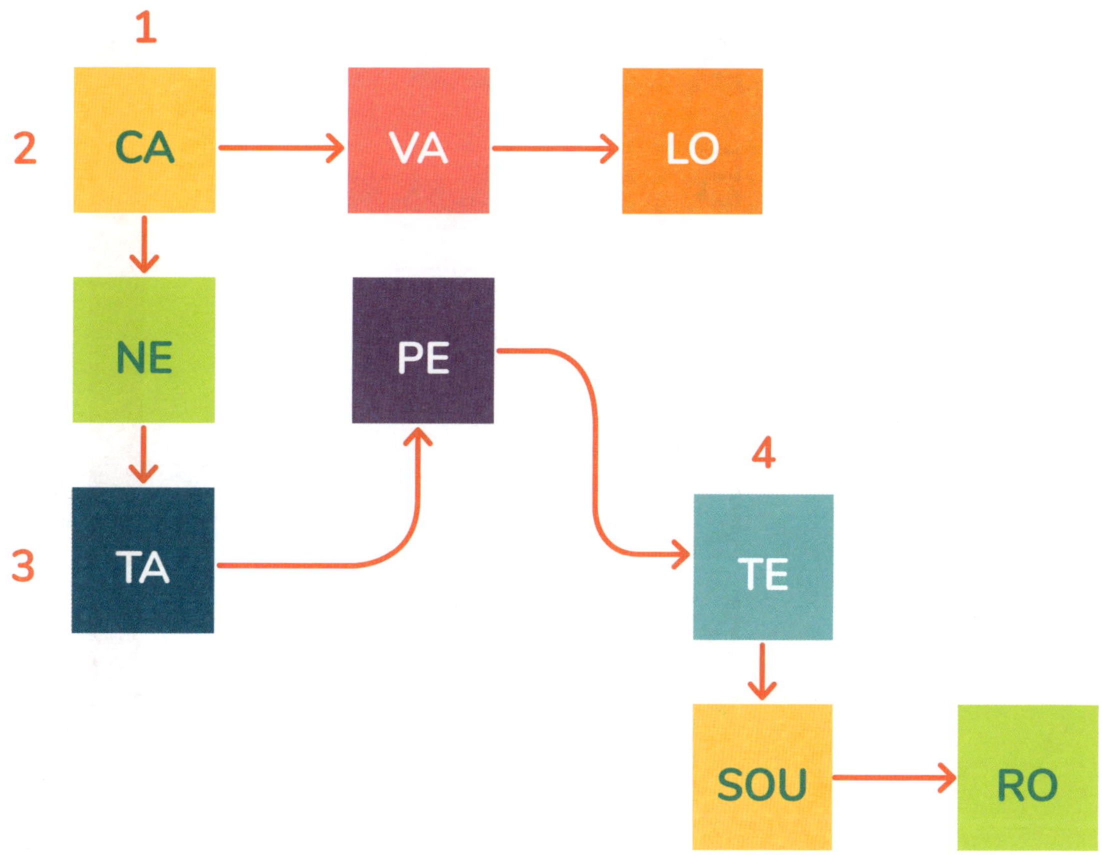

1
CA → VA → LO

2
CA ↓
NE ↓
TA → ↑ PE

3
TA → TE

4
TE ↓
SOU → RO

1. _____
2. _____
3. _____
4. _____

LISTA DE COMPRAS

AÇÚCAR
TORRADA
BANANA
LEITE
OVOS
SUCO
CAFÉ
FEIJÃO
MANTEIGA
UVA

A
B
C
F
L
M
O
S
T
U

▼ Você já foi fazer compras no mercado com um adulto?

A mãe de Davi fez uma lista de compras e pediu a ele para colocá-la em ordem alfabética.

▼ Para que serve uma lista de compras?

Ajude o Davi nessa tarefa. As letras iniciais já estão em ordem alfabética. Observe-as e copie as palavras da lista.